NOTICE HISTORIQUE

sur la vie et les ouvrages de

ÉTIENNE BOUHOT,

PEINTRE D'INTÉRIEUR, DIRECTEUR DE L'ÉCOLE DE DESSIN DE
SEMUR-EN-AUXOIS,

Fondateur et Conservateur du Musée de cette ville,

Par LIGERET DU CLOISEAU.

Prix : 1 Fr. 20 Cent.

SEMUR,

Chez M. MIGNIOT, libraire.

—

1854.

I.

Dans l'antiquité, la peinture, comme la sculpture, était uniquement consacrée aux divinités et aux célébrités. Elle servait d'ornement aux temples : quelques-uns étaient de véritables galeries de tableaux.

Lorsque le luxe se fut introduit à Rome, et qu'il eut pénétré jusque dans la demeure des particuliers, les peintres vinrent en aide aux sculpteurs et aux architectes; alors on vit pour la première fois la représentation de scènes familières et de nature morte.

II.

Dans les temps modernes, les grands artistes du XVIe siècle suivirent l'exemple des anciens : ils mirent leur talent au service de la religion et de l'histoire. Mais les génies capables de pareilles conceptions sont rares, la nature n'en est pas prodigue. Tous les poètes n'ont pas été des Homère ou des Virgile, et tous les peintres, des Raphaël ou des Michel-Ange, ce qui n'empêche pas que beaucoup se sont rendus fameux par des travaux plus modestes. Presque toute l'école flamande a trouvé sa célébrité dans la représentation de scènes familières et même vulgaires. *La Femme hydropique*, de Gérard Doow, sa *lecture de la Bible* sont des tableaux aussi populaires que bien des chefs-d'œuvre de l'école italienne. Les uns sont allés chercher des inspirations au milieu des campagnes et des forêts, dans l'intérieur des cités et des vieilles cathédrales gothiques; d'autres sont allés en demander aux flots de la mer. De modestes fleurs, les fruits de nos jardins, de simples ustensiles de ménage ont fait la réputation d'un grand nombre d'artistes dont les œuvres couvrent les murs de nos musées, ou font l'ornement des galeries particulières et la joie de leurs heureux possesseurs qui les ont quelquefois payés des sommes fabuleuses. Qui ne connaît *le buisson* de Ruysdaël? les admirables paysages de Claude Lorrain? les marines de Ludolf Backhuysen et de Vernet? Qui n'a entendu parler des animaux de Sneyders, de Paul Potter de Berghem, des fabriques de Canaletti, des intérieurs de cathédrales de Peters-Neefs? Qui n'a pas été saisi d'admiration devant un tableau de fleurs de Van Huysüm ou de Werht.

III.

Nous allons raconter la vie et les travaux d'un concitoyen dont nous aimons tous les excellentes qualités, mais dont on n'apprécie peutêtre pas assez le mérite comme artiste.

IV.

Notre compatriote Bouhot, à l'exemple de Canaletti, de Peters-Neefs, est allé demander à nos cités et à nos vieux monuments des sujets de tableaux. Né à Bard (Côte-d'Or), en 1780, c'était le troisième enfant d'une nombreuse famille. A six ans, Bouhot quitta son pays natal pour aller habiter Saulieu, où son père, ancien militaire, venait d'être nommé cavalier de maréchaussée; il ne fit qu'un court séjour dans cette ville. Son père ayant été nommé aux mêmes fonctions à Recey-sur-Ource, il dut accompagner sa famille dans ce dernier pays. C'est à Recey qu'il a passé son enfance, contrée qui lui est restée chère. Chaque année, les vacances venues, Bouhot va revoir ces lieux témoins de sa jeunesse et visiter un vieux frère, seul débris de sa nombreuse famille, et aussi une noble châtelaine, madame la comtesse de Chasteney, sa première protectrice, aujourd'hui âgée, infirme, mais toujours bonne pour lui.

V.

Bouhot, voyant le peu d'aisance de sa famille, prit de bonne heure la résolution de se suffire à lui-même en cherchant dans un travail honorable des moyens d'existence. Il se mit d'abord en apprentissage chez un chapelier, mais ne se sentant qu'une médiocre vocation pour ce métier, il le quitta pour entrer chez un vitrier. Ce brave homme, doué d'un certain bon sens, ayant cru découvrir dans son apprenti quelques heureuses dispositions, lui conseilla d'aller à Dijon. La difficulté d'un si long voyage à cette époque, son jeune âge, l'exiguité de ses ressources, rien ne l'arrête; il part, muni seulement d'une lettre de recommandation du brigadier de la maréchaussée pour un de ses amis, modeste artisan. Le hasard voulut que cet ami du brigadier fût précisément le cordonnier d'un peintre décorateur nommé Langlois. Il était élève du célèbre Mœnch qui, un peu avant la révolution, l'avait

envoyé à messieurs de Dampierre et de Monti-
gny pour décorer leurs beaux hôtels. La révolution éclata et les travaux furent suspendus;
cependant Langlois resta à Dijon, résolu d'y
attendre des temps meilleurs. Quand le jeune
Bouhot lui fut présenté, la tourmente révolu-
tionnaire était passée, mais les hôtels étaient
toujours veufs de leurs anciens possesseurs, et
les gens riches n'osaient encore se permettre les
jouissances du luxe. Langlois, étant donc sans
ouvrage, ne put accéder aux désirs du jeune
Bouhot, mais il le présenta à un peintre bar-
bouilleur, nommé Mercy, où il entra.

Dans ce temps-là, messieurs de Chauvelin et
de Boulogne, son beau-frère, venaient de faire
l'acquisition de la belle maison abbatiale de Cîteaux. Langlois, chargé par eux de grands travaux de décoration, se rappela le protégé du
cordonnier dont l'air candide et spirituel lui
avait plu, et le réclama à Mercy. C'est donc à
Cîteaux que Bouhot débuta dans l'ornementa-
tion. Langlois, satisfait du travail et des heureuses dispositions de son apprenti, lui conseilla d'aller à Paris et l'adressa directement à
son ancien patron Mœnch.

VI.

C'était alors l'aurore de la puissance des Bonaparte. La capitale sortait de ses ruines et le luxe commençait à reparaître. Le premier consul, aux Tuileries, faisait faire d'importants travaux de décoration ; Lucien Bonaparte, au Plessis-Chamont, et Joseph, à Morfontaine, suivaient l'exemple de leur frère.

Les travaux que Bouhot exécuta dans ces différentes résidences, sous la direction de Mœnch, firent bientôt de lui un habile peintre décorateur.

VII.

Bouhot, par son travail, une conduite régulière et beaucoup d'ordre, était parvenu à se faire une existence honorable. Quoique très-jeune, il songea à se donner une compagne. Il

avait fait en arrivant à Paris la connaissance
d'une famille Labie, originaire de Semur, et dont
il était un peu parent. Ces braves gens lui fai-
saient l'accueil le plus bienveillant et lui témoi-
gnaient la plus grande estime; aussi, quand il
leur demanda la main de leur fille, s'empressè-
rent-ils d'accéder à ses désirs.

VIII.

Cependant Bouhot, qui d'apprenti vitrier est
devenu en peu d'années peintre décorateur, n'est
pas encore satisfait, il veut devenir artiste. La
difficulté de l'entreprise ne l'effraie pas, et, pour
arriver au but de sa noble ambition, il entre-
prend résolument de faire lui-même son éduca-
tion.

Tout le temps qu'il avait de libre il le consa-
crait à l'étude du dessin et surtout de la perspective, science qui a illustré sa carrière d'artiste.

Thibault ne donnait pas encore ses leçons, et
son excellent Traité de perspective n'était pas
encore publié; il avait pour seul guide l'ouvrage

imparfait et souvent si obscur de Jeaurat. Ils se
réunissaient plusieurs camarades, et ces braves
jeunes gens, sans aucune notion de géométrie,
finissaient toujours par résoudre les problèmes
les plus difficiles.

IX.

A cette époque, l'américain Thaer venait d'im-
porter à Paris une invention indigène (les pano-
noramas) qui a fait la réputation de Prévots.
Bouhot lui offrit ses services. Il trouva dans ses
ateliers Bouton, qui est devenu son ami, qui,
lui aussi, a trouvé sa célébrité dans la peinture
d'intérieur, et qui de plus a été un des inven-
teurs du diorama. Ces deux jeunes gens devin-
rent pour Prévots de précieux auxiliaires. C'est
avec leur coopération qu'il fit paraître successi-
vement les beaux panoramas de Rome, de Wa-
gram et de Tilsit qui causèrent tant d'étonne-
ment dans la capitale et valurent à leur auteur
ce charmant compliment de la part d'un homme
qui n'en faisait guère. On raconte que David,

accompagné de plusieurs artistes, étant allé voir
la merveille du jour, dit à Prévots : « Désormais.
monsieur, nous viendrons travailler ici d'après
nature. »

X.

Enfin, en 1807, Bouhot osa se mesurer avec
la nature, et au salon de 1808 parut son premier
tableau représentant la place Vendôme, nou-
vellement illustrée de sa colonne de bronze. Il
fut remarqué, et les journaux s'en occupèrent.
Le point de départ d'un artiste est toujours
fort intéressant ; aussi nous regardons comme
une bien grande faveur celle qui nous a été
accordée d'examiner avec attention l'étude qui a
servi au tableau et qui déjà laisse pressentir la
main habile qui fera plus tard *la chapelle de la
Vierge à Saint-Sulpice*. En effet, on trouve dans
cette esquisse les qualités recommandables qui
distinguent M. Bouhot : — Une perspective irré-
prochable qui s'étend aux plus petits détails
dans lesquels on trouve une rectitude daguerréo-

typique, un coloris un peu froid peut-être, mais
vrai et harmonieux, une touche délicate, un fini
précieux sans sécheresse, un arrangement plein
de goût. Il existait alors dans le voisinage de
la place Vendôme une ruine très-pittoresque de
l'ancienne église des Feuillants; le judicieux
artiste l'introduisit dans le plan de son tableau
d'une manière si adroite que personne ne s'a-
perçut du stratagème. Ce beau début commença
la réputation de Bouhot qui de ce jour prit
rang parmi les artistes.

XI.

En 1810, il se présenta au Salon avec deux
tableaux, *la place du Châtelet* et *la pompe à feu
de Chaillot*. Ils firent sensation. Sa touche, encore un peu hésitante dans le début, a plus de
hardiesse et de fermeté; on voit que l'artiste a
fait sur son art de nouvelles et profondes médi-
tations. La presse fut unanime pour louer ces
deux ouvrages, et le gouvernement honora l'heureux artiste d'une médaille d'or.

En 1812, il exposa *une Vue de la place et de la fontaine des Innocents, le courrier de la malle* (effet de neige), mais les préoccupations du gouvernement à cette époque lui firent négliger le Salon, et ces deux charmants tableaux passèrent inaperçus.

Boulot regretta ce gouvernement impérial qui le premier avait su l'apprécier et récompenser ses œuvres. Heureusement il continua de trouver des protecteurs dans le nouvel ordre de choses. Le duc d'Orléans, qui avait cet amour des arts qui est un héritage de famille, ce duc d'Orléans qui, devenu roi des Français, devait élever aux arts et aux illustrations nationales ce monument qui sera une des gloires de son règne, le musée historique de Versailles, commençait cette célèbre galerie du Palais-Royal à laquelle tant de jeunes artistes alors inconnus ont dû leur fortune et leur réputation; il acheta les deux tableaux qu'il avait au Salon de 1817 et pour lesquels il venait de recevoir une seconde médaille d'or. Ces deux tableaux représentaient : l'un, *une vue du jardin Beaumarchais* (effet de neige); l'autre, *la cour d'une maison de roulage.*

XII.

Au salon de 1819, il eut quatre tableaux, quatre chefs-d'œuvre que se disputèrent des princes et des grands seigneurs.

C'étaient *la cour ovale du château de Fontainebleau*, commandé par le ministre de l'intérieur, et qui se voit au musée de Lyon ; le comte Woronzow devenait l'acquéreur de *la vue intérieure du porche latéral de l'église Saint-Etienne-du-Mont*, et Mme la duchesse de Berry, cette autre protectrice éclairée de notre jeune école française, achetait *la vue de la fontaine Saint-Victor*; mais le plus célèbre fut, sans contredit, *la vue du grand escalier du Palais-Royal*, que nous avons tant de fois admiré dans la galerie du duc d'Orléans, alors que, débutant dans les arts, nous allions chercher des inspirations dans cette galerie où nous avions un accès facile par l'inter-

médiaire d'un ami et d'un compatriote, Détallan-
court qui remplissait dans le palais du prince
les fonctions de sous-bibliothécaire.

Bouhot, pour exécuter son tableau, s'était ins-
tallé dans les bureaux de la Bourse qui se te-
nait alors au Palais-Royal. Mais quand arrivait
l'heure de midi, moment où les employés venaient prendre possession de leur bureau, il devait céder la place. Ce déménagement quotidien
finit par l'ennuyer; il alla d'abord s'établir au
centre même de sa composition, sur le perron de
l'escalier, puis enfin dans une antichambre de
Mlle Adélaïde d'Orléans. C'est là que le prince
venait chaque jour le visiter et causer familière-
ment avec lui. Mais dans cette antichambre pas
plus que sur le perron de l'escalier, l'artiste n'é-
tait à son point de vue, il lui fallait donc ce qui
est vraiment prodigieux, exécuter de mémoire.
« Quand je n'étais pas bien sûr, dit-il, j'allais
flairer mon effet et je venais me remettre à mon
chevalet. » Il faut lui entendre raconter lui-même,
dans le langage pittoresque qu'on lui connaît,
ces différents incidents. Ce tableau, d'une belle
exécution, d'un effet saisissant et vrai, fut fort
goûté du public. C'était une œuvre magistrale.

XIII.

Enfin parut, au Salon de 1822, son fameux tableau de *la chapelle de la Vierge à Saint-Sulpice*, qui mit le comble à sa réputation et que nous regardons comme son chef-d'œuvre. Il fut acquis par Sa Majesté Louis XVIII et placé au musée du Luxembourg où il est encore aujourd'hui. C'est devant ce tableau magnifique qu'il faut aller étudier M. Bouhot; il résume toutes ses belles qualités.

A ce même Salon, il avait encore trois autres morceaux fort remarquables, un surtout attira l'attention du public, c'était *une vue de la maison de M. Odiot* (rue l'Evêque). Par la magie du clair obscur et un effet de lumière des plus pittoresques, Bouhot dissimula avec tant de talent ce que ce sujet avait d'ingrat qu'il fit un tableau charmant.

D'augustes personnages envièrent à M. Odiot,

qui l'avait commandé, ce précieux bijou; et pour l'obtenir, le duc d'Orléans et la duchesse de Berry firent tous deux les démarches les plus pressantes; mais M. Odiot, malgré tous les égards qu'il devait à leur personne, ne voulut jamais s'en dessaisir.

XIV.

Bouhot, arrivé à l'apogée de la gloire, heureux époux, heureux père, jouissait en paix du fruit de ses labeurs, lorqu'un malheur affreux vint jeter le trouble et la désolation dans sa famille : la mort lui enlevait l'aîné de ses fils, jeune homme de grande espérance, et qui suivait avec succès la carrière de son père.

Ce douloureux évènement brisa son cœur et suspendit un instant ses travaux. Au Salon de 1824, il ne présenta qu'un tableau, *la salle des pas perdus du palais de justice, à Paris*, d'un aspect sombre et mélancolique qui semble refléter l'état de son âme.

Cependant, un peu de calme étant revenu

dans son esprit, il essaya de chercher dans le travail quelque adoucissement à sa douleur. Il reprit la palette avec ferveur, et a fait paraître aux différents Salons qui se sont succédés, de 1824 à 1836, des tableaux dignes de sa réputation, tels que : *La salle gothique de l'archevêché de Reims*; une vue de *l'Hôtel-de-Ville de Fîmes* (Marne), Salon de 1827 : une vue de *Paris, prise de l'Ile Saint-Louis*; une vue de la cour d'honneur du château *d'Ancy-le-Franc*, Salon de 1831; en 1833, une vue extérieure du même château, et ce charmant tableau *du porche de l'église Saint-Germain-l'Auxerrois*, qui fut acquis par le ministre de l'intérieur et donné au musée de Rouen où il causa le plus vif enthousiasme. Nous ne connaissons pas le tableau, mais d'après ce qui nous en a été rapporté, ce doit être un chef-d'œuvre digne d'être placé pour le mérite à côté de *l'escalier du Palais-Royal* et de *la chapelle Saint-Sulpice*.

XV.

Mais, hélas! ce triomphe devait bientôt être suivi d'un bien triste deuil; en 1834 la tombe se rouvrait pour le second et le dernier de ses fils, enlevé comme son malheureux frère à un brillant avenir et à la tendresse de ses parents.

Après ce fatal évènement, le séjour de Paris devint insupportable à M. et à M^{mo} Bouhot. Ils résolurent de le quitter et de venir chercher un peu de calme dans leur pays natal. Il dut en coûter à M. Bouhot de se séparer de ses chers camarades, il dut regretter aussi ces joyeux banquets où des artistes comme Vernet, Bouton, Daguerre, Dubuf, Duval le Camus, le plus amusant, le plus spirituel de tous, venaient chaque mois faire assaut de gaîté et de fines plaisanteries. Cette Société s'intitulait la *Société des Trente*.

XVI.

L'arrivée de M. Bouhot, à Semur, fut une bonne fortune pour cette ville. M. le sous-préfet Larribe, secondé par l'administration municipale, venait d'y fonder une école de dessin linéaire. On offrit à M. Bouhot de se mettre à la tête. Sous son habile direction, cette école a produit des résultats précieux. Elle a formé ou contribué à former un grand nombre d'ouvriers distingués, des artistes même, tels que Nesle, et Travaux qui avait à la dernière exposition une statue qui a été remarquée.

Du temps de M. Larribe, cet administrateur si zélé et qui a laissé de si bons souvenirs, on était parvenu à réunir quelques études pour les besoins de l'école seulement. Par les soins de M. Bouhot, cette petite collection s'est augmentée, et aujourd'hui elle a pris les proportions d'un Musée qui va bientôt occuper deux salles. M. Bouhot a opéré ce miracle sans imposer le moindre sacrifice à l'administration.

XVII.

Depuis son séjour à Semur, M. Bouhot a exposé deux fois : en 1836, une vue prise à Semur, *les ruines du pont de la Poissonnerie à la suite d'une inondation;* en 1848, *la salle des Thermes, à Paris.* Ces deux tableaux n'ont rien ajouté à sa gloire, mais ne laissent pas que d'être fort recommandables; le premier se voit au musée de Semur, le second à celui de Dijon.

L'année qui précéda cette exposition, il eut encore le chagrin de perdre sa douce compagne. Cette malheureuse mère mourait consumée par la douleur.

Aujourd'hui, M. Bouhot, tout entier aux soins de son école et du musée, n'expose plus; mais ce n'est pas par impuissance. Dans les tableaux qu'il fait de temps en temps pour quelques amis, il montre une fermeté dans la main et une sûreté de coup d'œil qui prouvent que, s'il le voulait, il pourrait encore paraître avec avantage sur la scène du monde sans compromettre sa réputation.

XVIII.

Bouhot n'a jamais eu de maîtres : il n'a été l'imitateur de personne. Il n'appartient à aucune école ; il n'a jamais copié que la nature. Sa manière est à lui, ses procédés sont les siens. Il ne peignait pas dans la pâte, mais par glacis, et ses peintures manquent sans doute de ce flou, de cette transparence, de ce croustillant que l'on trouve dans la plupart des tableaux de notre époque, où le technique de l'art remplace trop souvent des qualités plus précieuses. Lui s'est montré bon homme dans ses ouvrages comme il l'est dans sa vie privée. Il a copié la nature naïvement, sans charlatanisme, telle qu'elle se présentait à lui. Enfin, il est parvenu à se faire un nom honorable dans les arts, et pendant toute sa carrière d'artiste il a su se mériter les sympathies du public et l'indulgence de la critique. Ses tableaux sont recherchés et font l'ornement de plusieurs musées et cabinets particuliers.

XIX.

On s'étonne de ne pas voir sur la poitrine de ce bon vieillard, de cet artiste éminent, la marque distinctive de l'honneur et du mérite. C'est Napoléon Ier qui a couronné ses débuts; il appartient à son auguste neveu, Napoléon III, de terminer l'œuvre de récompenses commencée par son illustre parent. Je sais que des personnes haut placées ont fait ou doivent faire des démarches pour obtenir à M. Bouhot cette honorable distinction. Nous devons tous faire des vœux pour qu'elles soient couronnées du succès.

XX.

Bouhot n'a point fait d'élèves à Paris. Il est un artiste cependant qui fut l'ami de son fils aîné; cet artiste qu'il aida autrefois de ses conseils l'appelle encore aujourd'hui son cher maître : c'est le célèbre Decamps.

Le nombre de ses tableaux exposés s'élève à trente. Plusieurs ont été illustrés par la gravure ou la lithographie. Ses graveurs sont : Tellier, Jasey, Denis Leignier; Arnoux a lithographié *l'escalier du Palais-Royal*.

FIN.

Semur, Typ. Verdot. — 1854.